クレスコファイル

No. 3

伊藤千尋 著

世界一周 元気な市民力

大月書店

「クレスコファイル」は、教育誌『クレスコ』から生まれたシリーズです。

「クレスコ（CRESCO）」という言葉は、「（わたしは）大きくなる」という意味のラテン語で、何かが生み出され、どんどん成長していくことを表しています。

『クレスコ』の中から、人気の連載や特集記事をファイリングし、「クレスコファイル」としてお届けします。

※本文中の写真で、注記のないものは、すべて著者による撮影。

北米から南米に生息する体長10センチ前後の小さな鳥。
羽音が蜂に似ていることから「ハチドリ」と名付けられた。
『ハチドリのひとしずく』(辻信一監修、光文社)には、
周囲の動物に意味がないと笑われながらも、
山火事を消そうと水のしずくを一滴ずつ落とすハチドリの話が紹介されている。

はじめに

35年のジャーナリスト活動で、世界の68カ国を取材した。革命《かくめい》、内戦《ないせん》、独裁《どくさい》、貧困《ひんこん》、災害《さいがい》……そこで見たのは、どんな逆境にいても負けずに跳《は》ね返そうとする人間の「生きる力」だ。

海外から日本に帰ってきたとき、都内に入るといつも気が重くなる。街を歩く市民の暗い表情を見るからだ。日本では、人々は将来への夢も希望もないという無表情な顔で、下を向いてトボトボと歩く。テロ後のアメリカでも、貧しい中南米の開発途上国でも、人々はよりよき未来を頭に描きながら上を向いて歩いていた。なぜ、経済大国日本の国民は絶望したような表情を浮かべるのか。なぜ、この国では年間に3万人を超す人々が自殺するのか。この国を活力ある社会にするには、どうしたらいいのか。

そのヒントは海外にある。世界は、日本と違って元気だ。中南米のコスタリカではだれもが「愛される権利」を持ち、小学生さえ憲法違反《けんぽういはん》の訴訟《そしょう》を起こす。アジアの小国ベトナムが世界の覇者《はしゃ》アメリカに勝てたのは、ベトナム人の一人一人が自発的な闘《たたか》いをしたからだ。ヨーロッパで起きた東欧革命《とうおうかくめい》の原動力は自由への渇望《かつぼう》だった。

病《や》んだ社会しか知らなければ、自分の精神も病んでしまう。しかし、同じ地球上に元気な社会があることを知れば、希望がわく。同じ人間がこれだけ不利な条件の中でこれだけ素晴《すば》らしいことを実現しているのなら、私たちだってもっと力を出せるのだという自信と意欲がわく。日本人が、いやあなたが輝《かがや》いて生きるために、世界の元気な市民の姿を知ってほしい。

世界一周 元気な市民力 もくじ

no.

1

愛される権利

中南米のコスタリカから

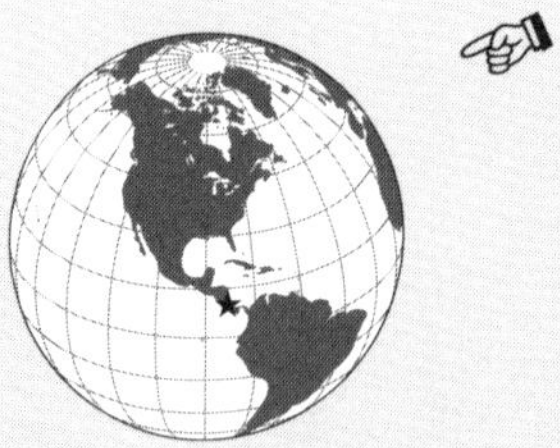

コスタリカ共和国

COSTA RICA

コスタリカ共和国は、四国と九州を合わせた程の大きさの国で、人口は約450万人。首都はサンホセ。1949年制定の憲法で、日本に次いで常設《じょうせつ》の軍隊を廃止した。

中南米のコスタリカは、日本と同じく平和憲法★を持っている。この国で2004年9月、大学生が大統領を憲法違反《けんぽういはん》で訴えた裁判の判決が出た。

アメリカでイラク戦争が始まる直前、ブッシュ米大統領はアメリカの戦争を支持するかどうかを世

★平和憲法
コスタリカは、内戦による被害の甚大《じんだい》さに衝撃を受け、内戦を起こさない方法を模索《もさく》。ほか、さまざまな理由により、1949年に軍隊の廃止と戦争放棄《ほうき》を謳《うた》う平和憲法（コスタリカ憲法12条）を施行するに至る。

界のリーダーに問いかけた。日本の当時の小泉首相は賛成し、コスタリカの大統領も同調した。これに対してコスタリカ大学法学部4年生のロベルト・サモラ君は、平和憲法を持つ国の大統領がよその国の戦争を支持するのはおかしいと考え、2週間後には憲法裁判所に訴えたのだ。

判決はロベルト君の全面勝利だった。「平和憲法を持つ国の大統領が他の国の戦争を支持するなど、あってはならない」として、大統領の発言は「なかった」ことになった。

そのニュースを知った私はロベルト君のメールアドレスを探し、彼にメールした。その日のうちに彼から返事が来た。「大学生が憲法違反の訴訟《そしょう》を起こすって、すごいね」と書いたところ、彼は「コスタリカでは小学生だって憲法違反の訴訟を起こしてる。大学生が起こして何が不思議なの?」と答えた。私は仰天した。小学生が違憲訴訟《いけんそしょう》を起こす??

そういえば……と思い出した。以前、コスタリカの裁判所を訪ねて取材したことがある。あわてて古いメモ帳を見た。コスタリカでは違憲訴訟の最年少記録は8歳、小学校2年生だと私のメモ帳に書いてあった。でも、どうして子どもが訴訟などできるのだろうか？　そもそも、どうして小学生が憲法を知っていたのか？　改めて取材し直した。

もちろんコスタリカの小学生が憲法のすべてを教わるわけではない。しかし、この国では小学校に入学した直後に「人はだれも愛される権利を持つ」と習うのだ。そして、自分が愛されていないと思ったら裁判所に訴えればいい、ということも習う。つまり、自分には基本的人権というものが保障されていることを、小学1年で自覚するのだ。

8歳の少年は、放課後に校庭で夢中になってボールを蹴って遊んでいて、どぶ川に落ちてしまった。校庭と川の間に柵《さく》がないのは僕たちが愛されていないからだ、と彼は考えて国を訴え、勝った。小学生が違憲訴訟《いけんそしょう》を起こすくらいだから、コスタリカでは違憲訴訟が簡単《かんたん》に起きる。年間に1万2000件もある。

コスタリカの違憲訴訟に流れる発想は、行政のゆきとどかない点に気づいた市民が訴訟で訴え、みんなで社会を良くしていこうという考え方だ。訴訟を起こすことは社会のために役に立つのだ。現に、少年の訴えで校庭と川の間に柵が作られ、子どもが川に落ちなくなった。この少年は社会に貢献《こうけん》したわけだ。

日本では違憲訴訟を起こしにくいし、起こしたら「お上にたてつく不届《ふとど》き者」と見られがちだ。コスタリカでは視点が市民にあるが、日本はお上にある。コスタリカでは法律は市民が使うものだと理解されているが、日本では国家が市民を取り締まるためのものだと思われている。

世界を取材していると、日本の常識は世界の非常識だと感じることがよくある。憲法をはじめ、法律は市民が使うためにある。それが世界の常識だ。

コスタリカの学校の平和教育は、日本とかなり違う。国家や社会の平和は一人の人権を尊重することから始まる、という考えが基本にある。だれもが虐《いじ》められることなく、卒業後は職業も保障され安心して暮らせる社会こそ平和なのだ。日本では平和といえばいきなり国家の問題としてとらえられ、自衛のための軍隊は必要かどうか、などと個人からかけ離れた論議になりがちだ。その影で個人は忘れられ、ともすれば国家のために個人が犠牲になる。

日本では「愛される権利」など小学校で教えてはくれない。だれもが愛されていると自覚していれば、1年間に3万人も自殺する社会になるはずがないし、自分より弱い者を虐めて気晴らしするような世の中であるはずもない。この世で誰か一人でも自分を真剣に愛してくれていると思えば、人間は自殺しないだろう。自分が愛されてないと思ったときに自らの行動で社会を変える制度が確立されていれば、人は自暴自棄《じぼうじき》にならないだろう。

愛されるどころか、日本は世界でもまれな息の詰まる管理社会だ。自分の意見を言えば虐《いじ》められるし、したいことをすればたたかれる。だから多くの人が自粛《じしゅく》し他人の目を気にする。そんな社会が私たちの求める社会だろうか？

そのような社会だけしか知らなければ、いびつさに気づかない。しかし、コスタリカなど他の国を知ることによって、この世には別のやり方、別の生き方があることを知る。知れば、それを参考に新しい社会を創り出すきっかけになる。私たちが世界を知る意味はそこにある。

大統領を訴えた違憲訴訟《いけんそしょう》の訴状《そじょう》を手にするロベルト・サモラ君（本人提供）

no. 2

信念が世論《せろん》を変えた

テロ後のアメリカから

アメリカ合衆国

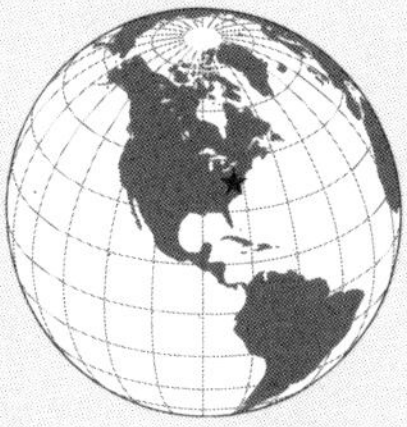

USA

人口は約３億400万人で、首都はワシントンD.C.。2001年の9.11同時多発テロを受けて、03年３月にイラク攻撃を開始。戦争は泥沼化し、多くの犠牲者を出した。貧困問題も深刻さを増す。

アメリカで2001年9月11日にテロが起きたとき、自分がどこにいたかを世界の多くの人が覚えているだろう。私はそのとき、ロサンゼルスのホテルで寝ていた。新聞社の特派員《とくはいん》として赴《ふ》任《にん》して2週間ほどで、まだ自宅も決まらずホテル暮らしだった。朝

6時に電話で知って、あわてて支局に駆《か》けつけた。

その日からわずか数日で、アメリカは極端な愛国社会になった。街の建物という建物が窓から大きな星条旗を垂《た》らし、街を走る車の多くが星条旗の小旗を掲げた。どこを見ても国旗である。テレビは「神よ、アメリカを祝福したまえ」というアメリカ応援歌を朝から晩まで流し、ブッシュ大統領に団結しようという世論《せろん》があっという間にできあがった。渦中《かちゅう》にいて感じたのは、「民主国家」がいきなり「全体主義国家」になったということだ。

報復を唱える意見ばかりが新聞に載り、その世論を背にブッシュ政権は強権国家をめざした。警察が市民の電話を勝手に盗聴《とうちょう》できる治安維持法《ちあんいじほう》のような法律★ができ、戦争する権限を大統領に一任する法律もほぼ満場一致《まんじょういっち》で成立した。「ほぼ」と言ったのは上院、下院を通じてたった1人、反対した議員がいたからである。民主党の黒人女性議員バーバラ・リーさんだ。

その日から、カリフォルニア州の彼女の事務所には非難や抗議の声が殺到《さっとう》した。これまでの支持者が「議員をやめろ」「アメリカ人をやめろ。国境から出て行け」など罵声《ばせい》を浴《あ》びせた。彼女は1年後に改選を控《ひか》えていたが、

★治安維持法のような法律

2001年9月11日の同時多発テロ後にできた法律（同年10月26日成立）。通称、反テロ愛国法。正式名称は、「テロリズムを摘発《てきはつ》し阻止《そし》するため適切な手段を提供し、アメリカを団結させ強化する法律」。

もはや選挙に勝つのは無理、いや立候補すらできないと言われた。すさまじいバッシングの中、これで彼女の政治生命は終わったと、だれもが思った。

しかし、彼女はめげなかった。それどころか、堂々と人前に出て説明集会を開いた。私が聴きに行った集会で、彼女は当日の行動をこう述べた。「投票の日、私は議会の部屋にこもって議員の役割とは何かという観点から合衆国憲法を読み直した」。

そこで彼女が思い起こしたのがベトナム戦争★だ。「泥沼《どろぬま》の戦争に発展したきっかけは、アメリカがベトナム側から攻撃されたというウソを根拠にアメリカ大統領が戦争を拡大したことだ。歴史上、アメリカの大統領が正しいことだけをしたのではない。国民をだまして戦争に導いたこともあった。それを防ぐのが議会の役割だ」。私の周りにいた人々は説明に納得して拍手した。

話が終わった直後、私は駆《か》け寄《よ》って壇上《だんじょう》の彼女ににわかインタビューをした。「反対票を入れれば非難されることがわかっていたのに、あなたは信念を通した。その勇気の源はなんですか」と。彼女は笑って「私は議員としての責任を果たしただけです」と答えた。

彼女はこうした説明集会を各地で開いた。その結果、しだいに支持者が増え

★ベトナム戦争
24ページ参照。

当選した。3カ月すると支持者と反対者がほぼ同数となった。1年後の選挙で彼女は立候補し、なんと80％を超える票を獲得《かくとく》して圧勝した。

正しいと自分では思っていても、それを主張すれば不利な立場に立つと思ったとき、人はふつう臆病《おくびょう》になる。非難の矢面《やおもて》に立つことを避けようと、自粛《じしゅく》したり妥協《だきょう》して世間の意向に沿うように自らの信念を曲げがちだ。そして、そんな自分を後ろめたく思い、自己嫌悪《じこけんお》に陥《おちい》ってしまう。

それくらいなら、堂々と自分の主張を通すほうが楽だ。少なくとも自分自身に納得できる。その際、自分の行動をきちんと周囲に説明して納得を獲得することが大切だ。それが世間の重圧をはねのけることにつながる。

リーさんの行動を見ていると、すがすがしかった。声高に自分の意見を叫ぶのではなく、淡々《たんたん》と自分のとった行動を説明した。その行動の背景に憲法があり、彼女の行動こそが憲法に沿ったものだと理解できた。テロ後の熱気に駆られていた人々は、初めて冷静になって考えるようになった。

アメリカの世論《せろん》は変わった。テロ直後はブッシュ支持が70％を超えていたが、逆に不支持が70％を超えるようになっていた。テロ後は、アフガン爆撃もイラク戦争も何でもやれという雰囲気《ふんいき》だったが、今の世論はイラク撤兵《てっぺい》だ。リーさんのような、自らの信念を主張し、それを周囲に広げる行動が世論を変えたといえよう。

2008年の大統領選挙中、民主党は女性のクリントン議員と黒人のオバマ議員がしのぎを削《けず》った。本命とされたクリントン議員が苦戦したのは、イラク戦争に賛成した過去があったからだ。世論に迎合《げいごう》したため、しっぺ返しを受けた。

黒人と女性が候補なら、いっそのこと、黒人女性であるバーバラ・リーさんが候補になれば両方を合わせた格好で最適ではないか、などと私は思ってしまった。まあ、あの強者を崇《あが》めるアメリカが、少数者や弱者を大統領候補に担ぐようになっただけでも大変な進歩だけど。

戦争する権限を大統領に一任《いちにん》する法律に、たった1人で反対した、バーバラ・リーさん

no.

3

貫《つらぬ》いた自由

東欧革命のチェコから

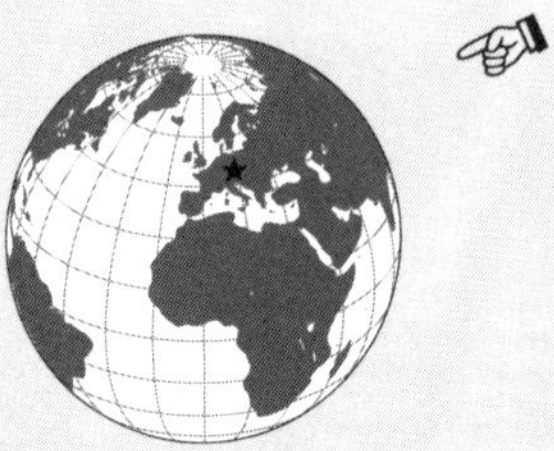

チェコ共和国

CZECH

面積は日本の約５分の１で、人口は約1030万人。首都はプラハ。NATO、EU、OECDの加盟国《かめいこく》で、中欧《ちゅうおう》４カ国からなる地域協力機構「ヴィシェグラード・グループ」の一員でもある。

ベルリンの壁が崩壊《ほうかい》した東欧《とうおう》革命《かくめい》は1989年だった。東ヨーロッパの社会主義政権が雪崩《なだれ》をうったように倒れた。当時、週刊誌『AERA』の編集部にいた私は、現地取材に向かった。すでに革命《かくめい》が起きた場所に興味はなく、これから革命が起きるチェコとルーマニアをめざした。

チェコに入って数日後、政府は反政府の市民団体に政権を明け渡すと宣言した。それは「ビロード革命」と呼ばれた。だれ一人死なずに実現した優しい革命だからである。革命の勝利を祝う集会が12月10日、首都プラハの中心部にあるバーツラフ広場で開かれると聞いて、広場に行った。

地下鉄から外に出てみると、人でいっぱいだ。なんと30万人の市民が集まっていた。広場に面したビルの4階のバルコニーにマイクがたくさん並んでいる。ここに政治家が登場して演説をするのだろうと思って見上げた。しかし、登場したのは女性だった。無言のまま両手を広げ、いきなり歌い出した。

私は驚いた。歌ではなく、着ていた服に度肝《どぎも》を抜《ぬ》かれたのだ。この日、プラハの気温は零下《れいか》10度だった。私はセーターの上にオーバーを着て、街角で買ったロシア風の帽子をかぶって、なおガタガタ震えていた。メモする指は3分でかじかみ、手袋で温めて再びメモをとっていた。彼女は……ヒラヒラした半袖《はんそで》のドレスだった。

しばらく歌を聴いていたが、チェコ語の歌の意味がわかるわけはない。やがて目線を周囲の市民に向けたとき、驚いた。30万人のだれもが涙を流し、右手の手袋をとって、腕を高く挙げ、指でVサインをしていた。

　チェコの人々はスラブ民族で、肌が抜けるように白い。それが寒気の中、みるみるピンクに染まっていった。30万のV字の花が白からピンクに変わるように見えた。

「あの人はだれ？　みんなVサインしているのは、なぜ？」。私はせき込むように通訳に聞いた。通訳は答えた。「彼女は、この20年、歌を禁じられた元歌手です」と。


頭の中で歴史を20年ほどさかのぼらせたとき、思い当たる事件があった。１９６８年、チェコでは自由化、民主化の市民運動が起き、「プラハの春」と呼ばれた。

　しかし、春はすぐに消えた。当時、東欧《とうおう》を支配下に置いたソ連が戦車を派遣《はけん》し、チェコの政府を力づくで倒したのだ。新たに生まれた政府はソ連べったりの政策を進め、自由は消えた。

　このとき、多くの国民が「長い物には巻かれよ」と新政権を受け入れた。しかし、ソ連の軍事侵攻に異議《いぎ》を唱《とな》えた市民もいた。その１人がチェコで最も人気があった歌手、マルタ・クビショバさんだ。チェコのレコード大賞に当たる「金のヒバリ」賞を2年連続して取り、まだ27歳で将来も望まれた女性だった。

彼女は自分のコンサートの舞台でソ連の侵攻を非難し、民主主義の回復を訴えた。ソ連べったりの新政権は、彼女を脅《おど》した。「歌手は歌ってだけいればいい。政治に口を出すな」と。それでも彼女が従わないと「これ以上、政府を批判するなら歌えなくするぞ」と脅した。しかし、彼女は屈しなかった。その結果、翌1969年、彼女は歌うことを禁じられ、レコードの吹き込みもできなくなった。

その彼女が20年を経た今、みんなの前で歌う。若者は歌声を聞いても彼女だとはわからない。しかし、口コミで「20年間、屈服《くっぷく》しなかった歌手だ」と知らせる声が伝わった。だれかが挙げたVサインが、津波のように広がったのだ。

私の近くにいた30代のチェコ・フィルハーモニーの弦楽奏者《げんがくそうしゃ》の男性は、2時間の集会の間中、幼い少年を肩車《かたぐるま》していた。彼はこう言った。「これまでチェコには2つの言葉があった。家の中だけで語る本音と、家の外で話す偽《いつわ》りの言葉だ。政府の政策がおかしいと思いながら、表だっては言えなかった。今日からは思っていることを自由に言える。この光景を息子の目に焼き付かせたいと思った」。

そうだ。人間にとって、本当に大切なものは精神の自由だ。行動も発言も管理されるような社会になど暮らしたくない。

東欧革命《とうおうかくめい》が否定したのは社会主義というより管理主義だ。革命が示したのは「自由・人権・民主主義」という3つの価値観《かちかん》である。これが保障されてこそ、一人の人間が安らかに生きることができ、社会も平和になる。

ひるがえって今の日本に、この3つの価値は根づいているだろうか？かつてのチェコよりも不自由な、物言えない管理社会になってはいないか？

東欧革命の結果、「社会主義に対する資本主義の優位が証明された」と言われた。その資本主義は傲慢《ごうまん》になって弱肉強食の新自由主義となり、今や世界各地で格差と貧困を生む。資本主義もまた、弱点をさらけ出した。

革命前のチェコの首都では、市民の3人に1人が別荘をもっていた。経済大国の日本より、はるかに生活大国だった。精神と生活を無視する今の日本の在り方は、いずれ国民の反発を受け、崩壊《ほうかい》するだろう。

チェコの首都プラハの街角に立つ宗教改革者フスの像。
「真理を探せ、真理を愛せ、真理を語れ、真理を抱け」と台座《だいざ》に彫《ほ》られている

no.
4

国家から自立する
ベトナムの元気の源

ベトナム社会主義共和国

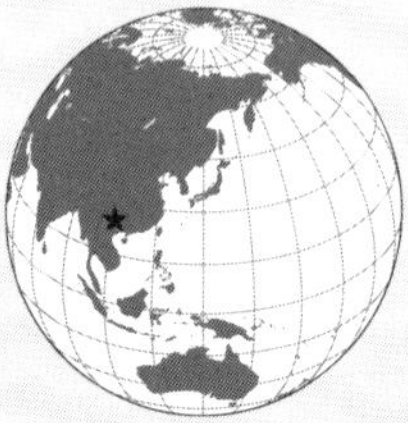

VIET NAM
ベトナム社会主義共和国の人口は約8600万人。首都はハノイ。1986年から市場経済システムの導入と対外開放化を柱としたドイモイ（刷新）路線を導入。近年の経済成長率は8%を超える。

戦争で負けることを知らない軍事大国だったアメリカが、初めて挫折《ざせつ》したのがベトナム戦争★だった。「泥沼《どろぬま》の戦争」が終わったときに大学生だった私は、なぜ小さな国ベトナムが世界の超大国に勝てたのか、それが不思議で仕方なかった。だから、ジャーナリ

★ベトナム戦争
南北ベトナム間の戦争というかたちを取ったが、その背景には、アメリカとソ連（当時）の対立があった。アメリカの軍事介入が本格化する1962年、猛毒《もうどく》のダイオキシンを含む枯《か》れ葉剤《はざい》がアメリカ軍によって散布《さんぷ》され、土・水・植物・家畜《かちく》、そして人間に大きな被害

ストになって自由に海外取材できるようになると、ベトナムをめざした。北の中国国境から南のカンボジア国境まで2週間かけて車で走り、会ったベトナム人に、戦争のときに何をしていたのか、と聞いて回った。

そこで知ったのが、ベトナム戦争は「国家対人間」の戦いだった、ということだ。米国に対して、ベトナム人は一人一人が自分の戦いをしたのだ。

サイゴンで「ベトナムの資本主義女王」と呼ばれる女性に会った。グエン・ティ・ティという名の67歳のおばあさんで、「ベトナムで一番の金持ち」と言われた。

歩いてきたのは、すり切れたゴムのサンダルをはき、菅笠《すげがさ》をかぶった、やせた小柄《こがら》なおばあさんだった。見た目は普通の農民である。普通と違っていたのは、彼女の周りを10人くらいの女性が取り巻き、手にノートを持っていることだった。すべて彼女が社長をする企業の秘書である。彼女が早口で指示する内容を、それぞれ急いでメモしているのだ。

ティさんは、農村に生まれ、家が貧しかったため小学校にも行けず農作業をした。18歳のとき、フランスからの独立★をめざすゲリラになった。夫がフラン

を及ぼした。ダイオキシンによる影響は、21世紀に入った現在にまで続き、多くの人を苦しめている。1960年前後に始まったベトナム戦争は、1975年に南部の親米政権が倒されるまで続いた。アメリカ国内を中心に世界中で展開された反戦運動は、ベトナム人民の抵抗と共に、アメリカ政府を追いつめた。

★フランスからの独立
ベトナムは、1887年から1945年まで、フランス領インドシナ連邦のひとつとして、植民地化されていた。20世紀に入って、フランスからの独立をめざし、民族運動が高まる。

ス軍に殺されると２人の子を抱えて銃を取った。やがてアメリカと戦う解放戦線の婦人代表となり、当時の南ベトナムの首都サイゴン★陥落《かんらく》の直前には、兵を率いて外務大臣宅を占拠《せんきょ》した。

戦争中よりすごいのは、その後である。南北ベトナムの統一後は、食料供給公社の社長となり、食糧《しょくりょう》危機《きき》を救って「国家英雄」となった。このとき、国家はソ連型の社会主義になったが、彼女は公社の経営に資本主義の良い点を取り入れた。より多く働いた者がより多くの賃金をもらうようにしたのだ。労働者からは喜ばれたが政府からは批判され、国家反逆罪で逮捕《たいほ》されかかった。

ところが、そのソ連型の社会主義は行きづまった。ベトナム政府はソ連崩壊《ほうかい》前の１９８６年、いち早く軌道《きどう》修正して競争原理を取り入れる「ドイモイ（刷《さっ》新《しん》）政策」を実施《じっし》した。このため、ソ連のように崩壊《ほうかい》せずに済んだ。そのときに具体的な見本とされたのが、ティさんのやり方である。ベトナム経済の今日の発展のもとは、小学校にも行ったことのない、彼女の独創的《どくそうてき》なやり方だった。

彼女は私に「私は、自分の村や周囲の社会を少しでも豊かにするためにはフランスやアメリカと戦うことが必要だと思った。だから銃を取った。解放後は、これからは経済の時代だと思った。これが一番、社会を豊かにする方法だと自

★サイゴン
現在のホーチミン。

分が信じる方法でやってきた」と話した。

国家に従うのではない。自分の考えに従うのだ。自分だけが儲《もう》かるためでなく社会を豊かにさせるという揺るぎない信念が基盤にあったから、独善でなく普遍的になったのだ。


そのドイモイ政策を考え出したのは、元南ベトナム政府の副首相だった、と聞いて私は驚いた。南ベトナム政府はアメリカの「傀儡《かいらい》政権」、つまりアメリカの操《あやつ》り人形のような存在と言われた。政府の要人は、アメリカがベトナムから逃げたときアメリカに亡命したはずである。

国会議員となっていたグエン・スアン・オアインさんは68歳だった。会ったとき彼はなんと京都弁を話した。戦前に京都大学に留学していたのだ。のちにはアメリカのハーバード大学でも学んだという。

私はドイモイ政策について聞いたあと、彼に「サイゴン陥落のとき、あなたはなぜ逃げなかったのですか？　アメリカに協力した売国奴《ばいこくど》として処刑《しょけい》される危険もあったでしょう」と素朴《そぼく》に尋《たず》ねた。

彼は天を仰《あお》いでこう言った。

「私が若いときに日本やアメリカまで行って経済を学んだのは、何も自分だけが金持ちになりたかったからではありません。貧しい私の国を発展させるために少しでもお役に立ちたかったからです。苦学のかいあって経済の知識を身につけ、ようやく故郷でお役に立てる機会が来ました。その私がどうして国を離れることができますか。何があっても、ここにとどまらなくてはいけない。革命《かくめい》政府に処刑《しょけい》されたら、それはそれで仕方ない。しかし、生きてさえいれば、私が学んだ専門知識は、社会主義であろうと資本主義であろうと、必ず祖国の役に立つと信じていました」

ソ連型の社会主義が崩壊《ほうかい》したとき、「罪人」として自宅に軟禁《なんきん》されていた彼は、新しい経済政策を提示した。それが採用され、ベトナムは立ち直ったのだ。

別れ際、彼は私にこう言った。「これまでだれにも言ったことはないけれど、理想に生き抜いてきたことだけは自分に自慢できます」。

いつの時代にも、国家や既製《きせい》の概念《がいねん》から自立し、輝く個人が社会を動かすのだと思う。

グエン・スアン・オアインさん

no.

5

解放の神学《しんがく》

ノーベル平和賞候補となったペルーのスラム

ペルー共和国

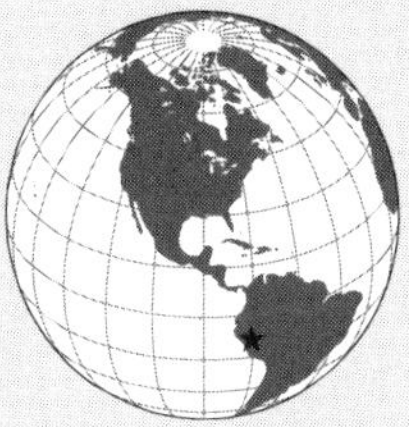

PERU

南米大陸のほぼ中央に位置する。人口は約2800万人。首都はリマ。世界遺産《いさん》・マチュピチュが有名。ガルシア政権（任期は2011年まで）は、貧困削減・雇用を伴う成長を政策の柱に掲げている。

ノーベル平和賞の候補《こうほ》となったスラムが、南米ペルーにある。政府から見捨てられ、何の援助も受けないまま住民の力だけで町づくりに成功し、住民自治と自立の模範《もはん》と評価されたからだ。

首都リマから南へ車で20分走ると砂漠地帯だ。ノーベル平和賞の候補に挙げられた1986年にここを訪れると、見渡すかぎりの赤茶けた砂丘に、ムシロの小屋がびっしりと並んでいた。地区の名をビジャ・エルサルバドルという。「救世主の町」という意味だ。35平方キロメートルの広さに、30万人もの人々が暮らしていた。

住民のほとんどは、農村地帯で生きていけなくなり、首都に出てきた一家だ。貧しい農家の次男や三男などには耕す土地がない。農村でほかに仕事もなく、生きていくためには都会をめざすしかなかった。また、農村地帯ではこのころ、左翼《さよく》ゲリラが活動を始めた。政府軍とゲリラの攻防《こうぼう》の戦場となり、追われるように生まれ故郷《こきょう》を後にした人も多い。

歩けば足がめり込む細かい砂地《すなじ》に棒《ぼう》を4本立て、長さ2メートル四方のムシロをカーテンのように張《は》り巡《めぐ》らしただけの粗末《そまつ》な小屋が立つ。屋根も床もない。雨が降らないからまだましだが、強い風が吹くと砂嵐になる。アンデス山脈から吹《ふ》き下《お》ろす冷たい風で夜は冷え込む中、人々はうずくまり、身を寄せ合って寝ていた。

一見すると、ホームレスのたまり場のように思えるが、じつはペルーの先進地帯だった。

ムシロ小屋も多いが、それ以上に多いのは煉瓦《れんが》やブロック建ての家だ。最初はムシロ小屋に暮らしていた人々が資金を貯《た》めて、あるいは周りの住民が寄ってたかって日干《ひぼ》し煉瓦の家を建て、さらにブロック造りの家に建て替えたのだ。この地区の家庭に電気は95％、上水道は80％も普及していた。当時、首都でさえ、電気の普及《ふきゅう》は80％、上水道は45％に過ぎなかった。


地区の中央には、小さなコンクリート2階建ての市役所がある。とはいえ、2階の市長室にあったのは机と椅子《いす》が1つずつだけ。それも、ゴミ捨て場から拾ってきたものだという。壊れかけた椅子に腰掛《こしか》けたミゲル・アスクエタ市長は、町の歴史を語った。

農村を追われた人々がここに住み始めたのは1971年だ。流民が首都になだれ込んで空き地に勝手に住み始めたため、困った政府は砂漠のこの地をあてがった。最初の住民は7000人だった。彼らの生活を支援しようとボランティアでやって来たのが、マルクス主義の大学生とカトリックの神父である。マルクス主義とカトリックといえば、水と油のような関係に見られがちだ。

しかし、ここでは両者が手を結んで自力更生《じりきこうせい》をすすめ、スラムを先進地域に変えてしまった。

学生たちは、子どもに勉強を教えたり住民の法律相談にのった。アスクエタ市長自身もマルクス主義学生だった。彼の周囲で政策《せいさく》を助言するのは、6人のカトリックの神父だ。

「救世主の町」という名がついたのは1983年に自治組織が発足したときで、名付け親はバンバレンという名の神父である。

中南米のカトリックには、「解放の神学《しんがく》」という独特の考え方がある。虐《しいた》げられた人々を苦しみから解放するために、教会はただ祈るだけでなく社会変革《へんかく》の先頭に立つべきだ、と主張する。デモの先頭に立つ神父もいたし、それが高じて反政府ゲリラの司令官となる神父もいたほどだ。

夜、星を仰《あお》ぎながらの学習会が開かれた。なぜ貧困が存在するのか、と説くグスタボ・グチエレス神父こそ「解放の神学」の教祖である。6人の神父は自ら住宅建設のレンガを運び、住民の相談にのっていた。草履履《ぞうりば》きのアイルランド人のキルケ神父は、「貧しい人々の救済のためには、貧しい人々の中に入ることが必要だ」と話した。

ビジャ・エルサルバドル地区のムシロの家

アスクエタ市長が運転するジープに乗り、砂を浴びながら地区を案内してもらった。職業訓練所では、若者たちが粘土《ねんど》をこねて焼き物を作っていた。ミシンを踏《ふ》む女の子たちがいた。共同で炊事《すいじ》をする食堂があった。大きなナベで雑《ぞう》炊《すい》のような料理を作っている。地区の約7割が失業者だが、住民の顔は明るい。やがて生活は良くなるのだという自信に満ちていた。

それから11年後の1997年、再びここを訪れた。迎えたアスクエタ氏は依然《いぜん》として市長だった。違っていたのは、市役所が大きなビルになっていたことだ。自前のテレビ放送局もできていた。首都のテレビ局よりも出力が大きいという。機材はオランダの放送局のお下がりをただでもらったものだ。

たった1つのスタジオは8畳ほどの部屋で、4面の壁にそれぞれ別の背景が描かれ、カメラの向きを変えるだけでニュース番組にもバラエティ番組のセットにもなる。これには笑ったが、でも、たくましさを感じた。

貧しくてもあきらめず、集団で智恵を絞り、力を出し合えば、自立の道は開けるのだ。

no.

6

市民の血で勝ち取った民主主義

米国産牛肉輸入に反対する韓国

大韓民国

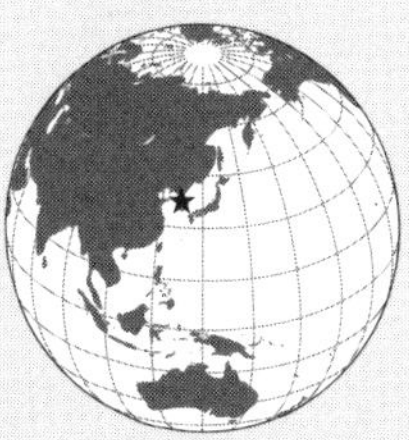

KOREA

朝鮮半島において、軍事境界線（38度線）を挟《はさ》み、北朝鮮と統治区域を分けている。人口は、約4850万人。首都はソウル。李明博《イミョンバク》大統領は、「グローバル・コリア」のスローガンを掲げ、2008年2月に就任。

外国から日本に帰国したとき気づくのは、多くの人々が厳しい顔つきで下を向いて歩いていることだ。いくら不況といっても経済大国なのに、なぜこんなに暗い表情をするのか、と不思議に思う。これと逆なのが隣の韓国である。表情がとても明るくて、行動も元気いっぱいだ。

首都ソウル中心部の市庁前広場《しちょうまえひろば》で、2008年7月初め、50万人の市民が反政府集会を開いた。ここでは、5月からほぼ連日、市民が数千人規模の集会を開いてきた。

きっかけは、米国産牛肉の輸入だ。2月に就任した李明博《イミョンバク》大統領は、訪米した際、食べると病気になる恐れがある米国産の牛肉も輸入することを約束した。アメリカの経済のために、韓国の国民の命を犠牲にするのか、と市民は迫《せま》った。抗議の高まりは、いったん合意したアメリカとの交渉を覆《くつがえ》し、閣僚《かくりょう》3人を辞職に追い込んでしまった。

なぜ韓国人はこれほど強くねばり強い行動に出るのか。一方、なぜ日本人は不満があっても口に出さず自粛《じしゅく》するのか。辛《から》いキムチを食べる人間と、穏やかなみそ汁をすする人間の食生活の違い…なんかじゃないだろう。

元気の違いの原因を、韓国の大学教授に聞くと、すぐに返事が返ってきた。

「あたりまえですよ。韓国の市民は自らの血を流して軍事政権を覆し、民主主義を勝ち取りました。私たちは体験にもとづいた自信をもっています。日本の歴史上、市民が立ち上がって政権を変えたことが一度でもありましたか？体験のないところに自信は生まれない。自信がなければ元気も出ない」

牛肉輸入に対する反対集会が、韓国の全土で100万人規模に達した6月10日は、軍政時代の1987年に起きた民主化抗争の記念日だった。この年、100万人もの人々が反政府デモをおこない、政府に民主化を約束させたのだ。当時の市民運動が再来したかのような雰囲気《ふんいき》だった。

私が韓国を初めて取材したのは、その翌1988年だ。軍政から民政に転換し、軍人だった盧泰愚《ノテウ》★が大統領に就任《しゅうにん》したときである。

韓国南部の光州市の全南大学を訪れると、学生会館の前の掲示板に壁新聞がはってあった。それを読んで目を見張った。「盧泰愚の就任式を、盧泰愚の葬式に変えよ。虐殺者《ぎゃくさつしゃ》盧泰愚に、歓迎の花束でなく呪《のろ》いの火柱を、祝いの拍手でなく憎悪の石を投げつけよ」。すごいなあ……、ここまで言うか。

同市の光州カトリックセンターから、路上の市民に向けて「盧泰愚執権《しっけん》を阻《そ》止《し》し、民主政府を樹立しよう」と声が飛んだ。センターからまかれたビラを読むと、「光州虐殺の主犯である盧泰愚は民衆の敵だ。不正な執権《しっけん》を阻止《そし》して民

★盧泰愚
1932年生まれ。元軍人。民主化要求が高まる中、大統領に当選する。退任後、光州《こうしゅう》事件に関する追及により、実刑《じっけい》判決を受ける。

衆の生存権を争取せよ。勝利は民衆の側にある」と書いてある。虐殺《ぎゃくさつ》とは1980年の光州《こうしゅう》事件★のことだ。宗教施設が反政府民主化運動の拠点となっている。

韓国のカトリック教会は「あの世の幸福」を求めて祈るだけではなく、「この世の幸福」を手にするために市民の先頭に立って闘《たたか》っている。キリストは貧しい民衆を救うためにこの世に来た。教会はキリストに代わり、現在の貧しく弾圧《だんあつ》された民衆を救うための最前線に立って闘おう、というのだ。これを「民衆の神学」という。韓国の宗教は、祈るより闘う存在なのだ。

首都ソウルでは、新しい新聞「ハンギョレ」の創刊準備が進んでいた。軍政時代に民主化を主張して解雇《かいこ》された記者たちが集まって、真に民衆の主張を代弁する新聞を創った。資金は、貧しい人々が少しずつお金を出し、国民株主《かぶぬし》となって工面《くめん》した。

その12年後に再び、このハンギョレ新聞を訪れ、創刊当時の人々から改めて発刊のいきさつを取材した。発刊の中心メンバーで初代編集局長だったソン・ユボさんは温厚な人で、じつによく笑った。闘士《とうし》は、闘うときは厳しいが、ふだんは優しく楽天家なのだ。

★光州事件
1980年5月18日～27日にかけて韓国・光州市で起こった民主化運動。光州市は、金大中《キムデジュン》の出身地・全羅南道の道庁所在地。軍の実権を握った全斗煥《チョンドゥファン》に金大中が逮捕され、民主化運動が激しくなった。これを鎮圧《ちんあつ》しようと韓国軍が出動した結果、市民側に多くの犠牲者が出る。しかし、全斗煥によるマスコミ統制のため、韓国内では当時、一切この事件について報道されなかった。

光州事件で虐殺《ぎゃくさつ》された市民の墓の前で泣く友人たち（光州市で）

彼はその後、記者をやめて市民運動の活動家となった。2000年の韓国総選挙で、国会議員にふさわしくない立候補予定者のリストを作成して「落選運動」を展開した「参与連帯」の中心人物である。

2003年に、メキシコで世界貿易機関（WTO）の閣僚《かくりょう》会議が開かれた。ここに韓国の農民多数がデモ行進をし、うちリーダーの1人がその場で自分の胸をナイフで突《つ》いて抗議自殺をした。「なぜ死ぬのか」と、メキシコ人の警官も農民も記者もあっけに取られた。ここまでやると行き過ぎとしか思えないが、これが韓国流の抗議の仕方なのだ。政治を動かすには、命をかけるほど真剣でなくてはならないと考えている。

こうしてみると、日本の市民運動とは覚悟《かくご》の度合いがまったく違うことがわかる。今の韓国人の生き方は、じつに活き活きとしてドラマチックだ。では、日本ではどうすればいいのか。簡単《かんたん》だ。自信をつけるためには体験しなければならない。そのためには「自粛《じしゅく》」をやめ、行動に出ることしかないだろう。

no.

7

ピープルパワー

米軍基地を返還させたフィリピン

フィリピン共和国

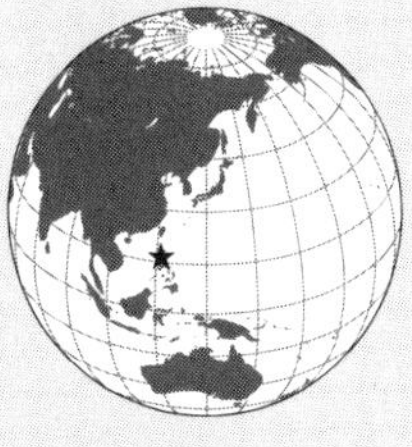

PHILIPPINES

多くの島からなる、人口約8860万人の東南アジアの島国。首都はマニラ。度重《たびかさ》なる植民地支配を経て、1946年に独立。グロリア・アロヨ大統領は、社会階層《かいそう》を超えた国民融和《ゆうわ》政策《せいさく》等を重要課題として掲げた。

沖縄の米軍基地が話題にのぼるとき、「基地がなくなれば、そこで働く人々が失業して、生活に困るではないか」と言って基地をなくすことに反対する人がいる。「それもそうだ」とうなずく前に、フィリピンで起きたことを知ってほしい。米軍基地を返還《へんかん》させて平和な産業を興し、基地があったときよりも多くの人が働けるようにしてしまった。

冷戦時代のフィリピンには、スービック海軍基地、クラーク空軍基地という2つの大きな米軍基地があった。共産主義に対抗するアジアの砦《とりで》として、米軍の大部隊が駐留した。ところが、冷戦が終結した直後の1992年、フィリピン国民の世論《せろん》が盛り上がり、米軍は2つの基地から撤退してしまった。

きっかけは、基地に近いピナトゥボ火山の噴火《ふんか》だ。基地を通って逃げようと住民が殺到したとき、基地は門を閉じた。これが大きな問題となった。「米軍基地はフィリピン人を守るためにある」と宣伝されていたが、いざというとき、基地は人々を守らなかったからだ。

ちょうど基地協定の改定時期だった。高まる国民の不満を背景に、国会ではアメリカとの安全保障条約を否決し、基地の返還を決議した。

そのときに問題になったのが、基地で働く人々の仕事の保証だ。当時、スービック基地には4万2000人の基地労働者が働いていた。家族を含めると、約30万人が基地で食べていたわけだ。

基地のそばにあるオロンガポ市の市長は、基地の跡地《あとち》利用を積極的に進めた。

市民に呼びかけて基地に降り積もった火山灰を取り除き、再開発案を募集した。その結果、軍港と滑走路《かっそうろ》をうまく利用して自由貿易港とし、海外の企業も進出する大工業団地となった。

基地の返還から5年後に私が訪れると、環境・人権NGOが策定《さくてい》した開発計画が採用されていた。一帯はきれいに整備され、そこでは6万7000人の労働者が働いていた。基地の時代の1・5倍である。基地をなくしたおかげで、より多くの人々が、軍事でなく平和な産業で生きていけるようになったのだ。

自衛隊の問題でも、自衛隊をなくせば自衛隊員が仕事をなくして気の毒だと思うより、彼らを殺人産業でなく平和な社会づくりのための職業に振り向けることを考えるほうが人間的ではないか。

基地問題だけではない。フィリピンの人々は、自分たちの行動で自分たちの社会をつくってきた。独裁政権《どくさいせいけん》を市民の手で覆《くつがえ》したことだって、ある。

1980年代の半ば、独裁者マルコス大統領は、反対派のアキノ元上院議員を暗殺した。これに対してアキノの夫人が大統領選挙に立候補して勝利したが、マルコスは自分が勝ったと主張した。アキノは非暴力、不服従《ふふくじゅう》の反政府運動を呼びかけ、市民は首都の大通りを埋める大デモを繰《く》り広《ひろ》げた。デモの鎮圧《ちんあつ》に出動した軍隊の銃口《じゅうこう》に、人々は花を差し込んだ。民衆の動きに呼応《こおう》した軍隊が決起すると、市民は彼ら反乱軍の基地を取り囲んで人垣《ひとがき》で守った。独裁者《どくさいしゃ》は、これ以上権力を維持《いじ》できないことを悟《さと》り、アメリカに亡命《ぼうめい》した。このときの人々の力をピープルパワーと呼ぶ。

さらに2001年、エストラダ大統領の疑惑★が持ち上がったときも、市民は街頭に出てデモを繰り返し、大統領を退陣《たいじん》に追い込んだ。この国の民衆の力は、2度にわたって非暴力で政権を変えたのだ。最初のピープルパワーを支えたのは決起した軍隊だったが、2回目は決起した市民に軍隊が従った。市民の力は、行動するごとに強くなっていった。

それだけではない。ことあるごとに市民は積極性を発揮した。熱帯雨林の伐採《ばっさい》問題が起きた1980年代末、フィリピン南部のパラワン、ミンダナオ島に行き、ジャングルの奥の伐採現場を取材した。そこでは、伐採で生活を追われる森の先住民の若者が伐採阻止《そし》の運動をしていたし、環境保護団体が自然と人間の共生を訴えるキャンペーンをしていた。

★エストラダ大統領の疑惑
エストラダ大統領が、多額の賭博上納金《とばくじょうのうきん》を着服《ちゃくふく》したという疑惑。

お祭りのようににぎやかなフィリピンのデモ

中部のネグロス島では、武装民兵《ぶそうみんぺい》を雇《やと》って労働者を虐殺《ぎゃくさつ》、弾圧《だんあつ》した大地主に対し、村人や労働者たちが「FARMS NO ARMS」、つまり「武器でなく農地を」と訴えて非暴力の反対運動を展開していた。運動のリーダー何人かは殺された。

事務所を訪れると、事務局長は25歳の女性だった。「私も脅迫《きょうはく》を受けている。身の危険はつきまとうけど、私がやらなかったら、だれがやるの。だれかがやらないと貧しい人々の状況は変わらない。そう思って歯を食いしばっている」と、彼女は語った。

フィリピンの人々には、中南米の人々のような楽天性、陽気さを感じる。フィリピンも中南米と同じく、かつてはスペインの植民地だった。地名や人名にはスペイン語がそのまま残る。人々の性格もラテン系なのだ。

日本の市民運動に一番欠けている点は、この楽天性あるいは積極性だと思う。先を見通して自粛《じしゅく》しがちだ。それよりも、大切なのはまず行動を起こすことだ。行動は思わぬ行動を呼ぶ。それが社会を変える原動力になることを、ピープルパワーは教えてくれる。

no.

8

米軍基地跡地《あとち》を市民の憩《いこ》いの場に

アメリカからも基地がなくなる

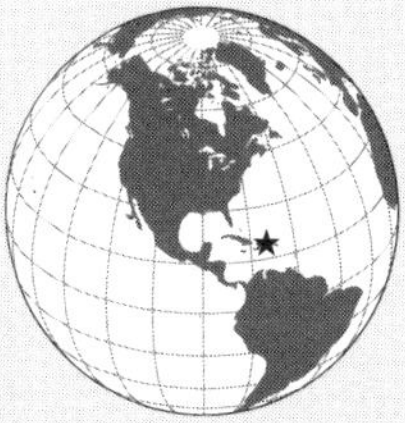

プエルトリコ（米国自治連邦区）

PUERTO RICO

複数の島から構成される、米国自治連邦区。首都はサン・ファン。人口は約390万人。1897年までスペインの植民地だったが、パリ条約によりアメリカ合衆国の領土に。貧富の差は激しいが、医療費は無料。

フィリピンから米軍基地を追放した話題を前項で書いたが、じつは基地が消えたのはここだけではない。そもそも世界一の軍事大国アメリカで、次々に基地がなくなっているのだ。

アメリカの南に広がるカリブ海にプエルトリコという島がある。

アメリカの自治領だ。住民はアメリカの市民権はもっているが、大統領選には投票できない。差別扱いをされているのだ。この島の東にビエケス島という小さな島がある。つい5年前までは「カリブ海の沖縄」と呼ばれる米軍基地の島だった。

この島がアメリカの海軍基地になったのは、アジア太平洋戦争が始まった1941年。以後、ナパーム弾や枯《か》れ葉剤《はざい》、劣化ウラン弾など新しく造られた兵器はまずここで投下実験がおこなわれた。

基地は島の3分の2を占めた。島の西側は弾薬庫《だんやくこ》、東側は射爆場《しゃばくじょう》で、島の中央に約9000の島民が住み、主に漁業で暮らしていた。しかし、爆撃訓練で魚はいなくなり、失業率は50%を超えた。その基地が、住民による反対運動の盛り上がりの結果、なくなってしまったのだ。

きっかけは1999年に海兵隊の爆撃機が誤《あやま》って軍の監視所に爆弾を落とし、勤務中の地元の警備員が亡くなったことだった。もともと爆音や健康被害などで住民は基地反対運動を展開していたが、彼1人の死で基地撤退《きちてったい》の声が広がった。米軍側は最初、代替地がないので基地を移転できないと言ったが、結局はアメリカ本土のフロリダ州に移った。

アメリカ政府は最初、住民投票をおこなおうとした。基地をなくすか、多額の経済援助と引き換えに基地の無期限使用を認めるか、のどちらかを選べというのだ。しかし、住民側は住民主宰《しゅさい》の自主投票をおこなった。選択肢《せんたくし》は「2003年の撤退」「即時《そくじ》撤退」「演習の無期限延長」の3つだけだ。投票の結果、68%が米軍の「即時撤退」を要求した。

2003年4月に米軍が撤退すると、島民たちはカッターを手に基地の鉄の網《あみ》を切って回った。

その2カ月後、私はビエケス島を訪れた。海軍演習場入り口には白い十字架《じゅうじか》が約50立っていた。がんや誤爆《ごばく》などで死亡した人々の名前が記してある。「子どもたちの将来はお金では買えない」「海軍は出ていけ。すぐに」と書いた旗もあった。

この島では、がん患者の率が異常に高い。陶芸家で環境活動家の女性ミルナ・パガンさんは、「島は日本の水俣病《みなまたびょう》のように重金属に汚染された」と言う。1999年、平和会議に出席するため沖縄に行った体験から、「沖縄はビエケスにそっくりでした」と語った。そして「アメリカ政府は、この島で絶滅《ぜつめつ》する生物を保護すると言うが、放っておけば絶滅するのは私たち、島の人間だ」と話した。

基地はアメリカの本土でも消えている。

サンフランシスコの海沿いに、3つの埠頭《ふとう》が海に突き出る。ここは20年にわたって陸軍の輸送基地だった。第2次大戦中は日本軍と戦うため、兵士を乗せた輸送船が太平洋の戦場に向かった。

その広大な基地は今、NPO★の一大センターに変わった。戦争のための基地から市民活動の中心地へと180度転換したのだ。名をフォート・メイソン・センターという。

もう基地はいらないと閉鎖《へいさ》されたのは、1972年、沖縄が基地付きで日本に復帰した年だ。跡地《あとち》利用のアイデアを市民に募ると、400件が寄せられた。選ばれたのは市民のための文化センターにする案だ。1977年にオープンした。

レンガ造りの3階建て、かつて軍の事務棟《じむとう》だった場所が、いまやNPOの事務所だ。「メキシコの文化を知る会」「世界動物基金」「子どものための芸術センター」「アフリカ系アメリカ人歴史文化ソサエティー」などの看板《かんばん》が下がる。

★NPO
Non-Profit Organizationの略。非営利組織。日本では、「国内で非営利の活動をすすめる民間団体」として、NGO（53ページ）と区別して使われる。

ビエケス島から基地を追い出す運動をした島民たち（旧基地前で）

私がこのセンターを初めて訪れた1995年、利用する団体は600あった。そのうち50団体がこの建物に事務所を置いていた。事務所代は月に約1万7000円と安かった。

埠頭《ふとう》には、かまぼこ型の建物がある。かつては戦車や大砲《たいほう》などの倉庫だった。いまは展示場、フェスティバルホール、劇場として使われる。週末には市民劇団が演劇を上演する。安上がりで楽しめるため、市民が路線バスで観劇にやってくる。市民劇団はその収入で演劇活動をやっていける。ここでおこなわれるイベントは年間1万5000もあり、参加する市民は180万人だ。

センターを運営するのは市ではない。市民である。25人の理事が話し合って方針を決める。実際に現場で運営に当たるのは35人のスタッフだ。その中にはハワイから嫁《とつ》いできた沖縄の血を引く日系人《にっけいじん》の女性もいた。

ここだけではない。アメリカに特派員《とくはいん》として勤務中、空軍基地が廃止されて博物館公園に生まれ変わった、などという新聞記事をしばしば目にした。市民の運動に加え、戦争のかたちも変わり、もはや昔のように多くの基地は不要となったのだ。沖縄をはじめ、日本全土で米軍基地はなかなかなくならないが、アメリカ本土では基地はどんどんなくなっているのだ。

no.

9

自立の意志と行動力

「市民運動のメッカ」サンフランシスコ

サンフランシスコ

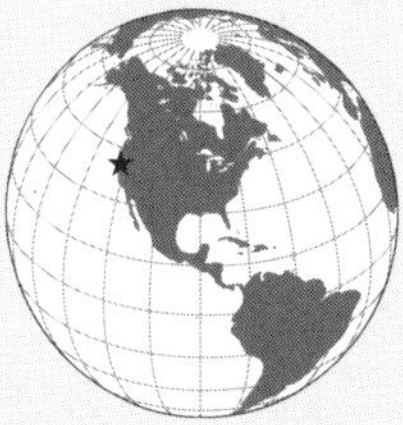

SAN FRANCISCO

アメリカ西海岸、サンフランシスコ半島の先端に位置する。人口72万4000人のうち、アジア系が約30%、ヒスパニック系・ラテン系が約14%を占《し》める。観光名所も多く、年間1600万人以上の観光客が訪れる。

アメリカの西海岸サンフランシスコ市にあるNPOセンターについて前項で述べたが、じつはこの町は、世界的にもNPOやNGO★の活動が盛《さか》んな、いわば「市民運動のメッカ」である。

市の中心部に、壮大《そうだい》な建物がそびえる。市中央図書館だ。市の規《き》

★NGO
Non-Governmental Organaizations の略。非政府組織。日本では、「国際協力に携《たずさ》わる非営利の民間団体」として使われることが多い。

模《ぼ》に比べて、その立派さに驚く。しかも運営しているのは市当局でなくて市民だという。なぜ、こんなものができたのか。

きっかけは、おばあさんの一言だった。老朽化《ろうきゅうか》した旧図書館の建て替え計画が明らかになったとき、80歳のおばあさんが「図書館は、だれもが自由に使える民主的な機関だ。どうせつくるなら、素晴らしい図書館を建てよう」と言い出した。その呼びかけに応えて寄付した市民は1万7000人。集まった金は約40億円にもなった。市が用意した資金にこれを加えたため、まれに見るほど立派《りっぱ》な図書館が完成したのだ。

市民の寄付でできたのだから、市民の財団が運営する。私が訪ねたとき、財団の代表は女性だった。彼女は「だれもが小さいころに本を読んで感動し、新しい人生が開けただろう。貧しい人も豊かな人も平等に文化に接する機会を保証することが、地域社会を向上させることになる」と話した。

下町にはこぎれいなマンションが建つ。その入居者はかつてホームレスだった。この地区は以前、ホームレスのたまり場だったが、地域の住民とホームレスの人々と市役所の三者がいっしょになって考えた結果、新しいマンションが生まれたのだ。

ホームレスが住み込んだため、商店街に客が寄りつかなくなった。ここまでは日本と同じだが、この地域の商店街の人々はホームレスも地域の住民だと考え、解決策をいっしょに話し合おうと提案した。それに自治体も乗った。

市には、市長室共同体開発局がある。地域の問題を住民や市民団体といっしょに考えようとする部局だ。住民の要望を受けて同局は、連邦政府から市に出ている補助金のうち、かなりの額を使ってマンションを建てることを提案した。ホームレスだった人々は家賃を払うため、地域の商店に分散して働くことになった。商店街も積極的に彼らを受け入れた。

石原都政の東京は、ホームレスを警察力で排除する。しかし、サンフランシスコでは話し合いによって、最善の策をさぐったのだ。

市民団体といえば、日本では「貧乏」なのが普通だ。スタッフは生きていくのがかつかつな給料で、運営資金も乏《とぼ》しい。「アメリカは寄付する人が多いから」というやっかみのような声がよく聞かれる。しかし、アメリカの市民団体だって資金集めに努力している。

キューバやパレスチナなど、アメリカ政府が嫌う地域を訪ねて実情を知るスタディ・ツアーを実施しているNGOがある。グローバル・エクスチェンジだ。1989年に4人で創立して、6年後には1万5000人の会員を抱え、年間2億円以上を動かす規模に発展させた。

スタッフ25人のうち3人は資金集め専門の係だ。電話帳の上から順に電話をかけまくって寄付を訴える。毎年、100の財団に年間計画を示して支援を求める。スタッフは金集めのコツについて一言、「頼むことだ」と語った。要はあきらめないことだ。寄付だけに頼らず、有名スポーツ選手を招いて講演会を開いたり、金門橋でレゲエのパーティーやマラソン大会を開いて資金をかき集める。

女性の権利拡大や人種差別の撤廃《てっぱい》など、社会変革《へんかく》をめざすNPOはお金が集まりにくい。そのようなNPOのために専門に金を集めるNPOがバンガード財団だ。病棟《びょうとう》を訪れ、死にかけた患者に対して遺産《いさん》を市民活動に残すよう説得してまわる裏技《うらわざ》も展開している。どら息子に遺産を残すより、最後の瞬間に、社会のために尽くしたほうが患者にとっても安心して天国に行けるのではないかと説くのだ。

市内にはNPOやNGOの資料を集めた「財団センター図書館」がある。全国の財団の名簿《めいぼ》やパソコンが置いてあり、資金を出してほしいと思うNPOがここに来て適当な財団を探す。NPOやボランティア活動を専門とした分厚い新聞も4紙出ている。


あちこちNPOを訪ねているうち、日本人のスタッフに出会った。山田しらべさん。東京の短大を卒業する直前にアメリカ旅行したのを機に、自分の人生を自分で切り開こうと考えた。日本の企業で3年働いて貯めた資金でアメリカに留学し、大学で国際関係論を学んだ。彼女は「不平等な現実を見ると、人間として怒りを感じる。金もうけより自分の信念や満足感を大切にしたい」と語った。

市民状況をめぐる日本とアメリカの違いを聞くと、彼女は「日本の市民は役所などに文句を言うが、アメリカでは文句を言う前に政治を変えようと市民が行動する」と答えた。

その通り、日本人は何かあれば、ついつい役所や先生、親など他人のせいに

サンフランシスコのNGOで
働く山田しらべさん

しがちだ。一方で「お上」に頼ろうとする。必要なのは、自分たちで自らの地域を良くしようとする自立の意志と行動力ではないか。

no.
10

世界の政治に働きかける

多くのNGO・NPO発祥の地イギリス

イギリス

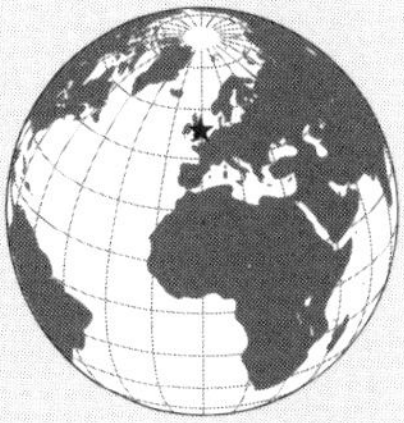

UK

イングランド・ウェールズ・スコットランド、北アイルランドの地域で構成される。人口は約6000万人。いち早く新自由主義改革を導入したため、米国発の金融危機の影響をまともに受け、厳しい経済状況に陥《おちい》った。

NGO★やNPO★がそもそも生まれ育ったのは、ヨーロッパだった。いまも世界的に活躍するNGOの多くは欧州で生まれたものだ。その代表的なものを挙げてみよう。

★NGO
53ページ参照。

★NPO
50ページ参照。

「国境なき医師団」は、戦争や紛争《ふんそう》で傷ついた人々を診療する医者や看護師らの団体だ。銃火《じゅうか》が飛《と》び交う戦場にも果敢《かかん》に飛び込むため、「聴診器《ちょうしんき》を持った冒険家」と呼ばれる。アフリカのビアフラ内戦を機に、1971年、フランスで結成された。だれもが医療を受ける権利があるという信念に裏打《うらう》ちされている。

戦争や災害と聞けば、地球上のどこでも48時間以内に現場に駆《か》けつけるのが身上《しんじょう》だ。参加する人々を公募《こうぼ》してコンピュータで登録しておき、緊急の際に現地に行けるかどうかを打診《だしん》する。フランスのボルドーの空港の倉庫に、救援物資《きゅうえんぶっし》や治療キット、トラックなどを常備《じょうび》している。

今から10年以上前の1996年、「朝日新聞」の主催《しゅさい》で国際NGOのシンポジウムをし、私はその担当者になった。どのNGOを招くかと考えたとき、最初に決めたのが「国境なき医師団」だった。本部の総裁《そうさい》をしていたフィリップ・ビベルソン氏がフランスからやってきた。タイで生まれ、中米やアフリカなどの難民キャンプで治療活動をした40歳の医師だった。リュック1つを背に、空港からバスでやって来る気軽さで、話しても気さくだった。

創立者の1人であるベルナール・クシュネル氏は、その後に「世界の医療団」という別組織を設立した。彼は今、フランスの外務大臣をしている。

国際人権組織としては、1961年にイギリスで生まれた「アムネスティ・インターナショナル」がある。国家権力により政治的な理由で拘《こう》束《そく》されている「良心の囚人《しゅうじん》」を救う。釈放《しゃくほう》を求める手紙を独裁政府《どくさいせいふ》に出すよう、世界の人々に呼びかけるなどの活動をする。

手紙くらいで効果があるのか、と疑問に思うかもしれないが、これまで、世界中で5万人以上を救った実績がある。実際、南米アルゼンチンの軍政時代に不当に逮捕されていた男性が来日し、「世界中から舞い込む手紙のおかげで解放された」と話した。メンツを重んじる軍事政権は国内では好き勝手をするが、外国からの批判には弱いのだ。

緊急救援や開発援助をしている典型的なNGOが、イギリスで誕生した「オックスファム」だ。貧しい地域の人々が貧困から抜け出すための努力を手助けする。発足したのは第2次世界大戦中の1942年だ。オックスフォードの市民が、ナチスの攻撃で孤立したギリシャの市民を救うために食《しょく》糧《りょう》などを援助したのが始まりである。

今、力を入れているのが、「より公正な世界」をめざして社会を改革するための提言活動だ。洞爺湖《とうやこ》サミットでは、世界中のオックスファムのスタッフが

アムネスティ・インターナショナル日本の活動

集まり、自国の指導者への働きかけのほか、首脳《しゅのう》の顔をかたどった張りぼてをかぶってパフォーマンスをおこなった。

これら3つの組織は、いずれも世界中に支部や拠点《きょてん》をもっている。オックスファムは世界100カ国以上で活動しており、日本では2003年に「オックスファム・ジャパン」が発足した。

他の「国境なき医師団」も「アムネスティ」も日本に支部や日本版の組織がある。

これらのほかにも、新たに生まれて活躍するNGOは多い。反グローバリズムを掲げる「アタック」や、地球温暖化の防止を求めて世界の365以上のNGOが参加する「気候変動ネットワーク」など多彩だ。

アタックを創設したのは、フランスの「ルモンド・ディプロマティック」紙の編集長だったラモネ氏だ。幼いころスペイン内戦の難民《なんみん》として、親に連れられてフランスに逃れた体験を持つ。

対人地雷《たいじんじらい》の廃絶《はいぜつ》を主張する「地雷禁止国際キャンペーン」は、アメリカ女性のジョディ・ウィリアムズさんの呼びかけで1991年に設立された。実際に対人地雷禁止条約が調印《ちょういん》される成果も招き、１９９７年にノーベル平和賞を受賞した。

彼女は、学生時代に中米で難民《なんみん》の支援活動をした。来日した際に話したが、気さくで陽気な女性である。「私はパソコン音痴《おんち》なんだけど、インターネットが得意な友人がその点をカバーしてくれた」と笑っていた。

このように、いまや熱意に燃えた個人の呼びかけで世界にまたがるＮＧＯ・ＮＰＯが生まれ、しかも具体的な成果を出すようになった。インターネットをうまく使うと、１人の活動が地球規模の広がりに発展するのだ。

ＮＧＯやＮＰＯなどの市民団体は、いまや独自の支援活動をするだけでなく、世界の政治に対しても大きな発言力を持つようになった。サミットなどの国際会議には、世界から集まったＮＧＯが現場に参加する。

ＮＧＯは、「Non-Governmental Organizations」の略で、非政府組織と訳される。もとは「国連と協力関係をもつ民間団体」を指したが、いまは国連の枠《わく》を超えて世界の政治に働きかける団体を指す。その役割は、これからますます高まるだろう。

no. 11

現地の人の自立を支える

若者たちが活躍する日本のNGO

日本

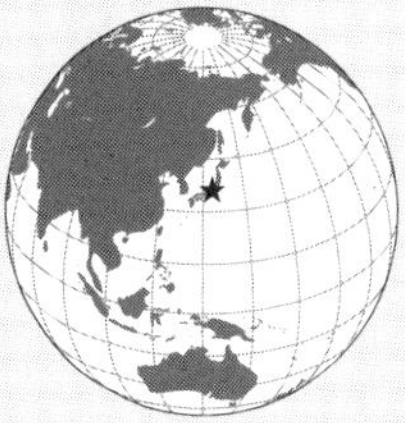

JAPAN

人口、約1億2760万人。首都は東京。1947年5月3日に施行された日本国憲法（1946年11月3日公布）は、世界で初めて戦争放棄《ほうき》を明記した憲法。その精神は、多くの人の手により世界中に広がっている。

NGO★やNPO★は日本にも定着した。日本国際ボランティアセンター（JVC）やシャプラニールなど以前から活動している団体もあるが、大きく広がったのは1995年の阪神大震災《はんしんだいしんさい》がきっかけだ。大勢の人々が全国から手弁当で駆《か》けつけ、ボランティ

★NGO
53ページ参照。
★NPO
50ページ参照。

ア活動で被災者《ひさいしゃ》を助けた。このときからNGOやNPOという言葉が日本でも普通《ふつう》に使われるようになった。

国内のNGOには、世界的にもユニークな活動をする団体がある。

東京の「APLA／あぷら」は、日本ネグロス・キャンペーン委員会として活動を始め、オルター・トレード・ジャパンというフェアトレードの会社を設立するまで発展した。

きっかけは、フィリピンのネグロス島で飢餓《きが》が広がった1986年に、アングラ劇団員と高校の教師がいっしょに募金活動を呼びかけたことだ。現地を訪れてわかったのは、食べ物がないのではなく、食べ物を買うお金がないから人々が飢《う》えるという現実だ。ここでの飢餓《きが》は自然災害でなく経済問題だった。

そこで、飢えた人に単に募金を渡すのでなく、現地の人々が自立できる仕組みをつくり上げようとした。農地を購入し、日本から農民を派遣《はけん》して耕作を教える学校をつくった。土地を耕すために水牛を贈《おく》った。

ようやく生活できるようになった島民たちから「私たちも、あなた方のお役に立ちたい」という声が出た。日本の中で「フィリピンで無農薬のバナナを作ってもらい、日本に輸入して売ってはどうか。あちらには現金が入るし、私

APLA の協力でフィリピンのネグロス島に生まれた農園
（オルター・トレード・ジャパン提供）

たちはおいしくて安全なバナナを食べられる」という案が出た。

輸入したバナナが輸送中に腐《くさ》ったり、台風で収穫《しゅうかく》が台無しになったりしたが、数年かけて定期的に生産、輸出できるようになった。フィリピン側にも日本側にも、貿易《ぼうえき》のための会社がつくられた。こうして「民衆貿易」の仕組みができあがった。

日本側の会社オルター・トレード・ジャパンは、バナナだけでなく南米のコーヒーやパレスチナのオイルなど、貿易の相手を世界中に広げている。

いまや自立した彼らの農場で「5カ年計画達成記念会」が開かれると聞き、取材に行った。5年の計画を3年で実現したという。農場長の女性から話を聴いていると突然、彼女が泣き出した。

「私は小学校にも行けず、小さいときからサトウキビ畑で働いてきた。これまで自分が人間だと思ったことはない。でも、今、自分で自分たちの生活をつくり上げ、私たちに会うために外国からやって来てくれる人までいる。今、生まれて初めて自分が人間だと感じた」と言うのだ。この涙、この言葉だけでも、日本のNGOの意味はあったと、私は思う。

単純な募金活動から始まって、自給自足をめざす地域自立運動への協力、さらにフェアトレードの会社へと発展した彼らの歴史を見ると、本来の援助とはこうあるものだという見本のような気がする。

東京のピースボートは、大型客船をチャーターして乗客を募集し、地球を船で一周しながら世界の紛争地《ふんそうち》を訪れ、現場を知ると同時に現地の人々と交流する、世界にも珍《めずら》しい大規模なスタディ・ツアーのＮＧＯだ。

船は４万トン級の豪華客船《ごうかきゃくせん》で、一度に１０００人近い客が乗って１００日余りで地球を回る。料金は最低でも１４０万円くらいするが、これまでに２万人近くが世界一周をした。定年を迎えて時間も金もある人だけではない。アルバイトで金を貯めて乗る学生や、20代・30代の若い女性がかなりいる。自分の人生を切り開くきっかけにしようと考えるからだ。

ベトナム戦争の戦跡《せんせき》を見たり、パレスチナで住民と話したり、ブラジルのスラムを訪れたりする。新聞やテレビのニュースに出てくる地を自分の目で見て、当事者と実際に語り合うことから、世界の問題が身近になる。

船内では、これから行く現場について専門家が講座を開き、乗客同士が討論したり、乗客が自分の得意な趣味の会を主宰《しゅさい》するなど、まるで学園祭のようににぎやかだ。

2008年5月に千葉・幕張《まくはり》で9条世界会議★が開かれたが、そのお膳立《ぜんだ》てや裏方《うらかた》の中心となったのが、このピースボートのスタッフだった。

フェアトレードの分野では、大小さまざまな団体がある。ネパールの女性が編んだセーターなど、アジアや南米の人々が手作りした衣服を輸入して売るピープル・ツリーは、通販で消費者を拡大している。

大学を卒業したばかりの20代の女性3人が創立したフェアトレードの会社もある。東京のスローウォーターカフェは、南米で環境破壊から森を守る活動をしている農民がつくったコーヒーやエコグッズを輸入して売る。

起業の資金は、東京都中小企業振興会社《しんこうがいしゃ》が主催《しゅさい》した学生起業家選手権で優秀賞に選ばれてもらった賞金300万円だ。ただ製品を輸入するのでなく、日本の消費者に受け入れられるような製品の開発を現地に行って指導している。

日本の若者もなかなかやるじゃないか。

★9条世界会議
詳しくは、「9条世界会議」日本実行委員会編『9条世界会議の記録』、吉岡達也著『9条を輸出せよ!』(いずれも大月書店)、グローバル9条キャンペーン編『5大陸20人が語り尽くす憲法9条』(かもがわ出版)を参照。

no.

12

自分も輝き、社会も輝かせる生き方を

アメリカの圧力をはねのけた中南米

キューバ共和国

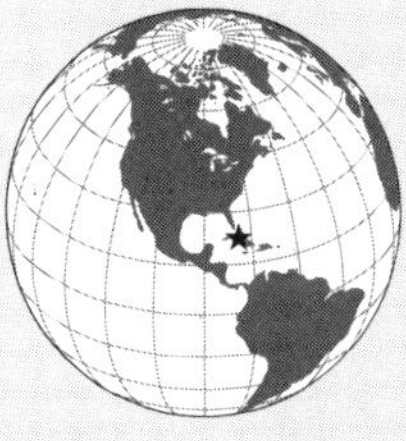

CUBA

カリブ海・大アンティル諸島にある社会主義共和制の国。首都はハバナ。人口は約1130万人。1959年のキューバ革命《かくめい》以降、長く政権にあったフィデル・カストロ国家評議会議長は、2008年2月に引退を発表。

地球を舞台に展開した「元気な市民力」。ここでは、私たち自身の生き方と結びつけて語ろう。

キューバ革命《かくめい》の成功から、２０09年の元旦《がんたん》で、ちょうど50周年になった。人間の生きる権利を主張した革命は、国民の支持を得て勝利し、その後の半世紀にわたるアメリカの圧力をはねのけて確固とした政権をつくり上げた。この間にキューバを武力や経済封鎖《けいざいふうさ》でつぶそうとしたアメリカの大統領は10人になるが、革命《かくめい》キューバは、今もしっかりと生きている。

カストロ★と並んで革命の立役者となったゲバラ★は、じつはアルゼンチン人だ。キューバ革命に参加したきっかけは、旅だった。学生時代にオートバイで中南米の各地をまわったとき、不平等や不公正な社会の矛盾《むじゅん》を知り、社会を変革しようという意志に目覚めた。大学を卒業後に再び中南米を放浪中《ほうろうちゅう》に、グアテマラの革新政権《かくしんせいけん》がアメリカの圧力で崩壊《ほうかい》するのを目の当たりにした。さらにメキシコでカストロと出会ったことが彼の人生を決めた。

いくら本を読んでも、他人から聞いても、自分の体験がなければその内容に確信は持てないだろう。自分の命をかけてもいいと思える生き方を見つけるためには、経験が必要だ。人生の節目となるきっかけは、待っていてはこない。自分から求めて探し出すものだ。旅は、そのための最良の場である。

革命に加わる前のゲバラは、単に情熱に満ちた1人の若者だった。体験が、青年ゲバラを革命家《かくめいか》ゲバラに変えたのだ。自分の世界にこもるのでなく、広く

★カストロ
フィデル・カストロ。1926年生まれ。大学卒業後、貧困で苦しむ人たちのために弁護士として働く。1959年にキューバ革命を起こし、アメリカ合衆国の影響を強く受けていたキューバ独裁政権《どくさいせいけん》を倒す。

★ゲバラ
チェ・ゲバラ。1928年生まれ。キューバ人のカストロと出会い、キューバ独裁政権の打倒をめざして、共に闘う。革命後に起こしたゲリラ闘争《とうそう》（ボリビア）で捕《と》らえられ、殺害される。

キューバ中部サンタクララに立つゲバラの銅像

世界に眼を向けたことが、その後の彼の人生を開かせたのだ。

人は、孤立《こりつ》した存在ではない。人間それぞれがつながって生きている。『誰《た》がために鐘《かね》は鳴る』でそう主張したのは、キューバに住んで執筆したアメリカの作家、ヘミングウェイだった。ならば、人間のつながりを強めれば、1人の主張を多くの人々の訴えに膨《ふく》らませられる。それが社会を変革する基盤となる。

南米のチリには、主婦の「ナベたたき」という運動がある。政府の政策に不満を感じる主婦が夜、台所の窓を開け、ナベをたたいて抗議の意志を表明するのだ。この国では1973年にクーデターで政権を握った軍部が国民を虐殺《ぎゃくさつ》したが、80年代になって民主化を求める抵抗運動が起きた。外出禁止令が出された夜、首都の街中にカンカンとナベの音が響いた。

最初の1人が勇気を奮《ふる》い起《お》こしてナベをたたくと、その音を聞いた人がつづく。さらに別の人がナベをたたく。カンカンという音を聞くことで、政府に反対しているのは自分だけではないのだということを知る。自分は孤立しているわけではないと認識することが、具体的な行動に乗り出すきっかけになるのだ。

一番いけないのは、黙《だま》っていることだ。沈黙《ちんもく》は承諾《しょうだく》と受け取られる。おかしいと思ったら、主張することが必要だ。日本人に欠けているのは、この点だ。

今、世界は大きく変わっている。その中でもとりわけ変化しているのが南米だ。南米は1998年のベネズエラ以降、各国の大統領選挙で反米左《はんべいさ》派《は》が圧勝し、ほとんどが左派政権となってしまった。

なぜ、そうなったのか。90年代の南米はどこの国の政府もアメリカに追従《ついじゅう》し、アメリカのご機嫌《きげん》をとるような政策を実行した。経済でおこなったのが、資本主義を文字どおり実行した弱肉強食の新自由主義である。その結果、失業者が続出し、社会の格差は増した。このため国民が政府に反発し、次の選挙で反米を主張し、貧しい者のための政策《せいさく》をおこなう候補者《こうほしゃ》に票が集中したのだ。

中南米ではかつて、政治を変えるにはキューバのように武力革命《かくめい》をしなければ無理だと言われた。だが、今は選挙という平和な手段で政治が180度変わっている。それまで虐げられていた人々のためになる政治が、民主主義によってもたらされる時代となった。

ベネズエラのチャベス大統領★は2006年に国連総会で演説し、当時のアメ

★チャベス大統領
ウゴ・チャベス。1954年生まれ。元軍人。1989年にカラカスで起きた貧困層の蜂起《ほうき》に軍人として出動。軍が民衆に発砲したことに抗議し、クーデターを起こす。クーデター失敗後、さまざまな活動を経て、1998年、大統領に選ばれる。

リカのブッシュ大統領を「悪魔《あくま》」と8回呼んだ。これに対してエクアドルのコレア大統領は「ブッシュを悪魔にたとえるなんて悪魔に失礼だ」と言った。これら南米の国々は新たにつくられた南米連合に結束し、アメリカに対抗する。
ベネズエラでは富裕層《ふゆうそう》が軍部と結託《けったく》してクーデターを起こし、チャベス大統領をいったん拉致《らち》した。が、市民が大統領官邸《かんてい》を包囲してクーデターを崩壊《ほうかい》させ、下層《かそう》軍人がチャベスを監禁先《かんきんさき》から奪還《だっかん》した。市民が政治を動かす時代となったのだ。

中南米を抑圧してきたアメリカでは2009年1月、オバマが大統領に就《しゅう》任《にん》した。初のアフリカ系大統領の誕生だ。黒人にも人権があると主張したマーティン・ルーサー・キング牧師が暗殺されたのは1968年だ。彼は「私には夢がある。黒人も白人もともに語れる日が来ることを」と語った。その夢は半世紀もたたずに、黒人大統領の誕生となって実現した。
オバマ大統領が選挙中に強調したのは「Yes we can」だ。そうだ、私たちだって、できる。変革《へんかく》する世界の中で次に変わる、いや変えるべきは日本だ。

no.
13

世界の島から

平和とクリーンの島々

カナリア諸島（スペイン海外自治州）

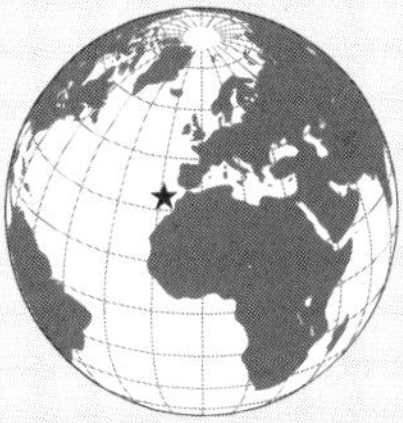

ISLAS CANARIAS
スペインの自治州で、7つの大きな島と小さな島々からなる。人口は約200万人。かつては中南米へ進出するスペインの基地だった。気候が年間を通して温暖で、観光地としてにぎわう。

モアイで名高い南太平洋の孤《こ》島《とう》イースター島を訪ねた。子どもの頃に夢中になって読んだ『世界の不思議』という本の表紙にモアイの写真があった。本物を見たい！と思った。

南米チリの首都から飛行機で５時間。大海原の中にぽつんと、おむすびのような三角形の島が浮かぶ。北海道の利尻島《りしりとう》くらいの小さな島だ。ここに900体のモアイが立つ。

島の文化人類学者にモアイの由来を聞くと、そこには壮烈《そうれつ》な「革命《かくめい》」の歴史があった。この島の人々はかつて、「長耳族」と呼ばれた支配階級と「短耳族」と呼ばれた被支配層に分かれていた。支配層は耳飾りをしたため、耳たぶが垂《た》れて長い耳になったのだ。長耳族の重要人物が死んだとき、その人の顔に似せた石像を墓に立てた。それがモアイだという。つまりモアイは墓石なのだ。

多数派の短耳族はモアイを造り運搬《うんぱん》した。古代エジプトでピラミッドを造った奴隷《どれい》のような立場だったわけだ。ところが1650年、圧政に耐《た》えかねて反乱を起こした。以後、モアイはつくられず、運搬中のモアイは放置されたままとなった。

「これで君主制から共和制に民主化された」と学者は語った。そうか……モアイの背景には階級闘争《かいきゅうとうそう》があったのだ。「世界の不思議」も、ひもとけば人類の歴史を映し出す。

アフリカ沖の大西洋にあるカナリア諸島を訪れた。ここに「日本国憲法9条」の記念碑《きねんひ》があると聞いたからだ。

スペインから飛行機で南下し、ラスパルマス島の空港に降り立った。バスでテルデ市に着くと、停留所の近くに「ヒロシマ・ナガサキ広場」があった。その奥の正面、中央に白いタイルを敷《し》き詰《つ》め、青い絵の具で文字を書いた碑がある。文字はスペイン語で、内容は紛《まぎ》れもない日本の憲法9条★だ。

今から十数年前、市と空港を結ぶバス道路を作ろうとしたら空き地ができた。当時の市長は「平和を考えるための市民の広場にしよう」と考えた。平和の出発点は広島・長崎の原爆であり、これからの世界を平和にするためには日本国憲法9条が世界に広まることが必要だと考えた。市議会は満場一致《まんじょういっち》で賛同《さんどう》し、記念碑の除幕式《じょまくしき》では参加者が全員でベートーベンの第九「歓喜《かんき》の歌」をうたった。

日本で憲法9条を捨てようという政治家がいる一方、平和を創り出そうとする世界の人々は、逆に9条を広めようとしているのだ。

★日本の憲法9条

日本国憲法第九条

「日本国民は、正義と秩序を基調とする国際平和を誠実に希求《ききゅう》し、国権の発動たる戦争と、武力による威嚇《いかく》又は武力の行使は、国際紛争を解決する手段としては、永久にこれを放棄《ほうき》する。

② 前項の目的を達するため、陸海空軍その他の戦力は、これを保持しない。国の交戦権は、これを認めない。」

PLAZA
HIROSHIMA y NAGASAKI
El pueblo japonés, que aspira sinceramente a una paz internacional fundada en la justicia y el orden, renuncia para siempre a la guerra como derecho soberano de la nación, y a la amenaza o al uso de la fuerza como medio de resolver conflictos internacionales.
Con objeto de dar cumplimiento a los designios del párrafo anterior, la nación nunca dispondrá de fuerzas armadas terrestres, marítimas o aéreas, ni de ningún otro tipo de potencial bélico. No se reconocerá el derecho de beligerancia del Estado.
Constitucion del Japon
capitulo II art.9
año 1946

9条の碑《ひ》

大西洋の北、北極圏《ほっきょくけん》に接した「火山と氷河」の島国アイスランドを訪れた。環境立国の先進地と聞いたからだ。

ユーラシアプレートと北米プレートの裂《さ》け目《め》である。大地を割って間欠泉《かんけつせん》が★数分おきに120度の熱湯を30メートルの高さまで噴き上げる。100メートル四方もある「露天風呂《ろてんぶろ》」まである。その熱を利用して地熱発電をしている。地中の熱水をくみ上げてタービンを回し、冷めた水はまた地中に帰す。

氷河から流れる水を利用して水力発電も盛んだ。この二つの自然エネルギーで、電力のほぼすべてをまかなう。足りればそれ以上にもうけようとは思わない。英国の資本がダムを造ろうとしたところ、身体をはって反対運動を展開した女性が自然を守った英雄として称《たた》えられている。

ユーラシアプレートはここで地中から生まれ、ゆっくりと東に移動する。10億年後に再び地中に沈むが、その場所が日本だ。だから日本とアイスランドとはきょうだいの関係にある。日本の研究所の試算では、日本では地熱発電で原子力発電所20基分がまかなえるはずだという。

なあんだ。なにもイラク戦争に多額の協力をしてまで中東から石油を運ぶ必要もないし、危険な原発をあちこちつくらなくてもクリーンな自然エネルギー

★間欠泉
周期的に熱湯を噴出《ふんしゅつ》する温泉。

がもともと足下にあるんじゃないか。

ユーラシア大陸とアメリカ大陸の間のベーリング海峡《かいきょう》にある米アラスカ州のシシュマレフ島を訪ねた。

ここは写真家の故星野道夫さんが慶応《けいおう》大学の学生時代に訪れた地だ。北極圏の小さな島にも村があることに興味をもった彼は、その知的好奇心がきっかけで自然や動物を撮影する写真家となった。

星野さんについて取材すると、彼は熊などの「猛獣《もうじゅう》」の撮影にも猟銃《りょうじゅう》を持って行かなかったことを知った。銃を持てば動物は逃げるか威嚇《いかく》する。とても自然な表情を撮影することはできない。銃を置いたからこそ、あの優しいまなざしの熊の母子などが撮れた。彼はカムチャツカで熊に襲われて亡くなったが、彼を襲った熊は大自然のままに暮らす熊でなく、人に餌付けされ人を襲うようになった不自然な状態を人工的につくられた熊だった。

一方でアメリカは銃社会である。猛獣がいない都市部でも人は銃を自宅に持つ。このため生徒が学校に銃を持ち込んで乱射《らんしゃ》したり、気にくわない人を射殺《しゃさつ》する恐怖社会になってしまった。どうやら一番の「猛獣」は人間のようだ。

それを映画で指摘したのが米国の映画監督マイケル・ムーアだ。銃社会を変えようと、映画『ボウリング・フォー・コロンバイン』で主張した。彼はさらにブッシュ前政権を皮肉る映画を、そして福祉に冷たい政府を批判する映画を作った。

最後に、太平洋の島国日本に帰って来た。世界の大国というが、イースター島ほどの市民革命の歴史もないし、カナリア諸島ほど憲法を大切にしてもいない。アイスランドほど自然エネルギーに目を向けてもいない。それを変えるには星野さんやムーア監督のように、私たちが社会に向けて行動することだ。

no.

14

死の海から蘇生《そせい》する復元力

公害都市から環境都市に転換を遂げた水俣市

水俣《みなまた》

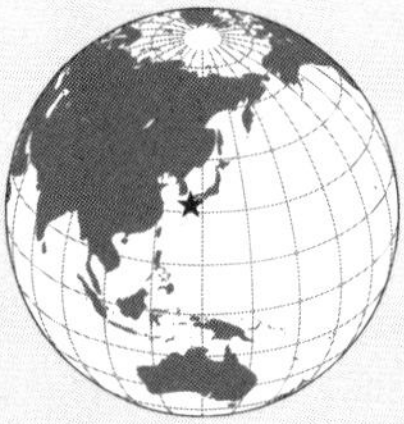

MINAMATA

熊本県の最南端にあるまち。人口は約３万人。水俣病の経験から、住民協働《きょうどう》の環境都市づくりをめざすようになり、コミュニティの再生にもつなげている。2008年には「環境モデル都市」に認定された。

信じられない思いで、私は足下の海をじっと見つめた。熊本県水俣市《みなまたし》の岸壁《がんぺき》は深さ3メートルの海が澄《す》み切《き》って、海底のヒトデの細かい姿まではっきり見える。熱帯魚も間近まで泳いで来た。ここがかつて工業廃水《はいすい》で汚《よご》れ、「死の海」と呼ばれていたなんて……。

今から半世紀ほど前の日本は「公害列島」だった。産業の発展のためには人間の命を無視してもいいという考えがはびこった。当時の公害の代表が水俣《みなまた》病《びょう》だ。塩化ビニールを製造した会社チッソが海に水銀★を垂《た》れ流した。水銀は魚の体内に入り、魚を食べた人々が水銀中毒を起こした。手足がしびれ、骨は曲がった。患者《かんじゃ》の子どもは生まれながらにして生涯《しょうがい》、奇形《きけい》を背負《せお》った。


はじめは原因不明の伝染病だと思われ、患者たちは差別され、悲惨な生活を強いられた。「村を出て行け。死ね」とののしられた。御用学者《ごようがくしゃ》は、原因はチッソではないと言い張った。チッソの犯罪とわかっても、チッソは謝ろうとしなかったし、国も県も患者の救済《きゅうさい》に手を尽《つ》くそうとしなかった。

見捨てられた患者の支援に立ち上がったのは、全国から駆《か》けつけたボランティアの市民だ。若手の医師や学者、学生らが共同生活をしながら水俣病の調査をし、治療所を建て、経済的に患者の生活を支えた。

その中には26歳のときに自分探しの旅に出てたまたま水俣を訪れ、そのまま30年近く住み着いた女性もいる。東大天文学科を卒業し就職前の旅行中にたま

★水銀
メチル水銀。強い毒性《どくせい》を持つ。特に、中枢神経系への毒性が高い。1970年、工場排水規制法（現・水質汚濁《おだく》防止法）により、工場排水の排出基準が設定された。水俣病は、1950年代に、罹患者《りかんしゃ》が急激に増えた。

たま立ち寄って以来、30年以上住み着いた男性もいる。

東京の大学で熱工学を学んだ金刺《かなざし》潤平さんは「今の文明は人々の首を絞《し》めている」と感じ、ボランティアを募集するポスターを見てやってきた。そのまま水俣《みなまた》に住み着き、紙すき職人になった。「サラリーマンは定年になったら人間らしい暮らしをしたいと言うが、それなら最初から人間らしく生きればいい。僕は充実した人生を送っている」と、きっぱりと語る。

紙すきをする金刺潤平さん

行政の中からも立ち上がる人が出た。水俣市役所の職員だった吉本哲郎さんだ。「患者《かんじゃ》と付き合っていたら出世できない」と言われた時代に、「逃げるな」と自分に言い聞かせた。

患者と会って話を聴くことから始めた。市長や幹部を説得して、市民の積極的な参加による新しい街づくりへの青写真を描いた。犠牲《ぎせい》を無駄《むだ》にしないための「住民協働の環境都市」を掲げた。犠牲者の慰霊式《いれいしき》をおこない、これを契機《けいき》に環境モデル都市として生まれ変わることを宣言した。そこでやったのが「愚《ぐ》痴《ち》を自治に変える」ことだった。

「マイナスに線を1本入れればプラスになる。その線が環境だ。無い物ねだりでなく、在るもの探しをした」と吉本さん。市が市民活動の事務局となった。住民活動のサポートが市の主要な仕事となった。

「ごみ減量女性連絡会議」をつくって食品トレイの廃止などを手がけ、いまやゴミを22種類に分別収集する。環境に配慮していると認めた店にはエコショップと認定する。環境に気を配って製造する職人には環境マイスターの称号を与えた。紙すきの金刺潤平さんもそのひとりだ。

こうした努力の結果、水俣市は環境NGO団体が主催する「日本の環境首都

吉本哲郎さん

コンテスト」で日本一に輝いた。公害都市が環境都市に、180度の転換《てんかん》を遂《と》げたのだ。

　吉本さんは言う。「失敗に学ぶことです。失敗を認めることから再生が始まる。新たな価値をつくらない限り、何のための失敗でしょうか。私たちはこれから、失敗を繰り返さない仕組みを発信します」。

　吉本さんは指摘する。「問われるのは国です。国はいまだに無謬《むびゅう》主義で、日本は復元力のない社会となった」。被害者を救済する水俣病救済法《みなまたびょうきゅうさいほう》が2009年7月に成立したが、患者たちは「被害者の声を聴いていない」と批判する。

復元力という言葉を聞いて頭に浮かぶのはアメリカの社会だ。9・11のテロのあと、国の予算の半分が軍事に使われ、社会の格差が広がり、経済は破綻《はたん》した。ブッシュ政権の強引なやり方に疑問を感じた市民は反対運動を繰り返し、大統領選挙ではイラク撤退《てったい》や福祉の優先を主張する黒人のオバマ氏を当選させた。

　政府がおかしな政策《せいさく》を実施しても、市民が正常に復元させる。この市民による復元力こそアメリカの地力の秘密だ。これこそアメリカの発展の基盤なのだ。

水俣市に見られるように、日本も自治体レベルでは復元力が出てきた。それを国のレベルまで引き上げることが必要だ。21世紀にふさわしい市民社会を日本に生み出せるかどうか、カギはそこにある。

それを実現するのはほかの誰でもない。私たちだ。私たち、一人ひとりだ。アメリカでも中南米でも、市民の投票が政治を変えた。たった1回の投票で政治は覆《くつがえ》った。だが、なだれのような投票行動を起こしたのは、その前に市民がデモや集会などで意思を主張したからである。自分が生きる社会をより良いものに変えたいと思ったら、愚痴《ぐち》を言うだけではだめだ。行動しなくては変わらない。

愚痴から自治へ。さらにアメリカからの自立へ。オバマ氏が掲げたのが変革だった。今、それを掲げるべきは私たちだ。イエス・ウイ・キャン！　楽しく、世直しをしよう。元気な市民力を生むには、まず自分が元気になろう。

２００９年8月の総選挙は、この国を牛耳ってきた自民党に惨敗をもたらし、政権交代を実現させた。日本人だって、いつまでも黙ってはいない。私たちの復元力は今、始まった。

おわりに

世界は今、大きく変化している。理不尽《りふじん》なイラク戦争を起こしたアメリカではイラクからの撤退《てったい》が世論《せろん》の主流となり、虐《しいた》げられてきた黒人の大統領が誕生した。ヨーロッパでは政治統合の動きが進み、欧州連合（EU）は拡大している。かつて「アメリカの裏庭」と呼ばれた中南米も今やアメリカに堂々と立ち向かい、南米連合を創りあげた。中国でも、経済力をつけた国民は政治の民主化を求めるようになった。

変化する世界にあって日本にないもの、それは「自立」の意識だ。世界の人々は国家の束縛《そくばく》から自立し、世界の国々は超大国の束縛から自立しようとしている。一方、日本では自立に代わって「自粛《じしゅく》」が幅《はば》をきかす。自らの頭で考え行動し社会を変えようとするどころか、逆に自ら自分の行動を制限しようとするのだ。

自粛なんて、世界の非常識だ。世界を歩いてしきりに思うのは、日本の社会や日本人の考え方が世界の他の国々と基本的なことでかなり違っていることである。日本の常識は世界の非常識であると言ってもいい。今の日本に暮らしていて生きづらいと思う方が、人間として自然だ。生きづらい社会に我慢《がまん》する必要はない。自ら自分を束縛するような生き方など、21世紀には無用である。日本人に変革の能力がないわけではない。現に地域の市民力が水俣《みなまた》を変えた。世界にならって、水俣にならって、先進国としては珍《めずら》しい管理主義国家である日本を、今こそ変革しようではないか。

２００９年８月　総選挙で国民が政権を変えた日に　　伊藤千尋

◉初出一覧

本書は、教育誌『クレスコ』の連載「世界一周 元気な市民力」（2008年4月号〜2009年3月号）を加筆・修正し、さらに書き下ろしの原稿を加えてまとめたものです。それぞれの初出は、以下の通りです。

1 愛される権利（2008年4月号）
2 信念が世論を変えた（2008年5月号）
3 貫いた自由（2008年6月号）
4 国家から自立する（2008年7月号）
5 解放の神学（2008年8月号）
6 市民の血で勝ち取った民主主義（2008年9月号）
7 ピープルパワー（2008年10月号）
8 米軍基地跡地を市民の憩いの場に（2008年11月号）
9 自立の意志と行動力（2008年12月号）
10 世界の政治に働きかける（2009年1月号）
11 現地の人の自立を支える（2009年2月号）
12 自分も輝き、社会も輝かせる生き方を（2009年3月号）
13 世界の島から（書き下ろし）
14 市の海から蘇生する復元力（書き下ろし）

著者略歴 **伊藤千尋**（いとう・ちひろ）

1949年山口県生まれ。朝日新聞記者。中南米（サンパウロ支局長）、ヨーロッパ（バルセロナ支局長）、アメリカ（ロサンゼルス支局長）で三度の特派員を経験するなど、国際報道で活躍。「日本コスタリカ平和の会」の共同代表。朝日ニュースターのキャスターや立教大学講師なども務めた。著書に『反米大陸』（集英社新書）、『観光コースでないベトナム』（高文研）、『たたかう新聞』（岩波ブックレット）、『君の星は輝いているか』『こころを熱くする伊藤千尋・講演集①活憲の時代―コスタリカから９条へ』『ゲバラの夢 熱き中南米』（シネ・フロント社）など。

クレスコファイル3

世界一周　元気な市民力

2009年10月20日　第1刷発行
定価はカバーに表示してあります

著者　伊藤 千尋
発行者　中川　進
発行所　株式会社　大月書店
〒113-0033　東京都文京区本郷2-11-9
電話 03-3813-4651（代表）　FAX 03-3813-4656
振替 00130-7-16387　ホームページ http://www.otsukishoten.co.jp/

ブックデザイン　持田直子
イラスト　杉山薫里
協力　クレスコ編集委員会・全日本教職員組合
編集担当　松井玉緒
印刷　光陽メディア
製本　中永製本

ISBN978-4-272-40803-0　C0336

現場から教育を問う　教育誌・月刊『クレスコ』

現場から教育を問う
クレスコ
cresco

［編集］クレスコ編集委員会／全日本教職員組合

こんな人も登場しています（50音順）

あさのあつこ（作家）／雨宮処凛（作家）／池田香代子（翻訳者）
井上ひさし（作家）／内田　樹（神戸女学院大学）／小川洋子（作家）
落合恵子（作家）／金子　勝（慶應大学）／姜尚中（東京大学）／重松　清（作家）
ダグラス・ラミス（政治学者）／田中　優（未来バンク理事長）／堤　未果（ジャーナリスト）
本田由紀（東京大学）／森永卓郎（経済アナリスト）／湯浅　誠（反貧困ネットワーク）

こんな連載をしています

●リレーエッセイ　私の出会った先生
有森裕子（オリンピックメダリスト）／石坂　啓（漫画家）／香山リカ（精神科医）
後藤竜二（児童文学作家）／佐高　信（評論家）／辛淑玉（人材育成コンサルタント）
新藤兼人（映画監督）／高遠菜穂子（イラク支援ボランティア）
原田真二（シンガーソングライター）／増山麗奈（アーティスト）／森達也（映画監督）
森住　卓（フォトジャーナリスト）／山田まりや（女優・タレント）／渡辺　徹（俳優）…
●「九条の会」呼びかけ人による憲法ゼミナール
●立ち上がる若者たち